BEI GRIN MACHT SICH IHR WISSEN BEZAHLT

- Wir veröffentlichen Ihre Hausarbeit, Bachelor- und Masterarbeit
- Ihr eigenes eBook und Buch - weltweit in allen wichtigen Shops
- Verdienen Sie an jedem Verkauf

Jetzt bei www.GRIN.com hochladen und kostenlos publizieren

Bibliografische Information der Deutschen Nationalbibliothek:

Die Deutsche Bibliothek verzeichnet diese Publikation in der Deutschen Nationalbibliografie; detaillierte bibliografische Daten sind im Internet über http://dnb.d-nb.de/ abrufbar.

Dieses Werk sowie alle darin enthaltenen einzelnen Beiträge und Abbildungen sind urheberrechtlich geschützt. Jede Verwertung, die nicht ausdrücklich vom Urheberrechtsschutz zugelassen ist, bedarf der vorherigen Zustimmung des Verlages. Das gilt insbesondere für Vervielfältigungen, Bearbeitungen, Übersetzungen, Mikroverfilmungen, Auswertungen durch Datenbanken und für die Einspeicherung und Verarbeitung in elektronische Systeme. Alle Rechte, auch die des auszugsweisen Nachdrucks, der fotomechanischen Wiedergabe (einschließlich Mikrokopie) sowie der Auswertung durch Datenbanken oder ähnliche Einrichtungen, vorbehalten.

Impressum:

Copyright © 2015 GRIN Verlag, Open Publishing GmbH
Druck und Bindung: Books on Demand GmbH, Norderstedt Germany
ISBN: 9783668602878

Dieses Buch bei GRIN:

https://www.grin.com/document/386124

Manuela Mikl

Gegenüberstellung des offenen und geschlossenen Dramas anhand von J.W. von Goethes "Iphigenie auf Tauris" und Georg Büchners "Woyzeck"

GRIN Verlag

GRIN - Your knowledge has value

Der GRIN Verlag publiziert seit 1998 wissenschaftliche Arbeiten von Studenten, Hochschullehrern und anderen Akademikern als eBook und gedrucktes Buch. Die Verlagswebsite www.grin.com ist die ideale Plattform zur Veröffentlichung von Hausarbeiten, Abschlussarbeiten, wissenschaftlichen Aufsätzen, Dissertationen und Fachbüchern.

Besuchen Sie uns im Internet:

http://www.grin.com/

http://www.facebook.com/grincom

http://www.twitter.com/grin_com

Gegenüberstellung des geschlossenen und offenen Dramas anhand von J.W. Goehtes „Iphigenie auf Tauris" und Georg Büchners „Woyzeck".

von Manuela Mikl

Inhaltsverzeichnis

1 Das Drama allgemein..2

2 Das geschlossene Drama: „Iphigenie auf Tauris"...3

   2.1 Inhalt und Aufbau..4

   2.2 Die Titelfigur „Iphigenie"..6

   2.3 Sprache und Stil 6

   2.4 Zeitgeschichtliche Hintergründe...7

3 Das offene Drama: „Woyzeck"...8

   3.1 Inhalt und Aufbau..9

   3.2 Die Titelfigur „Woyzeck"..10

   3.3 Sprache und Stil...11

   3.4 Zeitgeschichtliche Bezüge zum Werk „Woyzeck"..12

4 Literaturverzeichnis..13

1 Das Drama allgemein

Die Dramatik zählt neben der Lyrik und der Epik zu den drei großen literarischen Gattungen. Entwickelt wurde das Drama (von altgriech. dráma: Handlung) im antiken Griechenland des 5. Jahrhunderts vor Christus. Seine Besonderheit liegt darin, dass die Texte als Grundlage für Theaterstücke gedacht sind. Bezeichnend für diese Gattung ist die Darstellung einer in sich geschlossenen Handlung durch Dialoge, welche unmittelbar auf der Bühne präsentiert wird. Neben den Dialogen enthält ein Dramentext Anweisungen für die Schauspieler und seit dem 19. Jahrhundert auch für Regisseure. Seine Konzeption ist vor allem darauf ausgerichtet, ein Theaterpublikum zu erreichen. Gegliedert sind Dramen in Akte, die sich jeweils wiederum in Auftritte oder Szenen unterteilen. Das Wort „Drama" ist zudem ein Oberbegriff, der weit gefasst ist. So stellen Tragödie und Komödie die Hauptformen der dramatischen Dichtkunst dar. Nach Aristoteles hat die Tragödie eine kathartische, also reinigende Wirkung auf den Zuschauer, die durch das Jammern (eleos) und das Schaudern (phobos) hervorgerufen werden sollte. Die Tragikomödie gilt als Verschmelzung der beiden genannten Formen. Weitere Genres dieser Kategorie sind das bürgerliche Trauerspiel (18. Jahrhundert), das epische, das absurde oder soziale Drama, welche sich jeweils vor dem Hintergrund der epochenspezifischen Eigenheiten entwickelt haben.

2 Das geschlossene Drama: „Iphigenie auf Tauris"

Die geschlossene (tektonische) Form des Dramas findet sich vor allem in der fünfaktigen Tragödiendichtung. Das theoretische Grundgerüst für diesen Aufbau geht auf den griechischen Philosophen Aristoteles (384 -322 v.Chr.) zurück. Als wesentlichstes Moment in der Komposition des geschlossenen Dramas gilt die Einheit von Handlung, Ort und Zeit. Man nennt dieses Strukturmerkmal auch die „aristotelische Dreieinheit". Bis zum 19. Jahrhundert wurden klassische Dramen nach diesen und anderen strengen Formregeln aufgebaut. Bekannte Stücke sind u.a. Sophokles' „Antigone", Goethes „Torquato Tasso" oder seine „Iphigenie auf Tauris". Goethe verfasste den Text der „Iphigenie" zunächst in Prosaform, welcher 1779 in Weimar uraufgeführt wurde. Erst Jahre später und nach einigen Neufassungen überschrieb er, bei seiner Italienreise 1786, das Stück in einen Blankvers, das die endgültige Fassung darstellen sollte. Als Vorlage diente dabei „Iphigenie bei den Taurern" vom griechischen Dramatiker Euripides.

2.1 Inhalt und Aufbau

Der Aufbau des Stücks folgt der klassischen Komposition und gliedert sich in fünf Akte. Im klassischen Drama sind jedoch auch Ein- und Dreiakter möglich. Die Handlung ist in sich geschlossen und entwickelt sich kontinuierlich auf ein Ziel hin. Die Szenen sind miteinander verknüpft, ergeben und bedingen sich gegenseitig. Der Konflikt zwischen Protagonist und Antagonist ist Ausgangspunkt der äußeren Handlung und entspricht gleichzeitig dem viel komplexeren inneren Kampf des Gewissens der jeweiligen Figuren. Es gibt keine zeitlichen Brüche und die dargestellte Zeit im Stück entspricht der tatsächlichen Spieldauer (zeitdeckende Darstellung). Darüberhinaus gibt es nur einen einzigen Schauplatz, den „Hain vor Dianens Tempel".

I. **Aufzug, Exposition:** Das Stück beginnt mit der für das klassische Drama typischen Exposition. Der Eingangsmonolog dient der Einführung in die Ausgangssituation der Protagonistin. Man erfährt von der Lage vor dem Trojanischen Krieg. Iphigenie ist Priesterin der Göttin Diana auf Tauris. Diana hat ihr das Leben gerettet und Iphigenie fühlt sich ihr nun zu Dank verpflichtet. Gleichzeitig jedoch quält Iphigenie die Sehnsucht nach ihrer Heimat und ihrer Familie. Arkas, des Königs engster Berater, kündigt Thoas' Kommen an. Der Taurerkönig Thoas, der Iphigenies Herkunft nicht kennt, begehrt sie und macht ihr einen Heiratsantrag. Um Thoas nicht zu beleidigen, gibt sie sich als Tantalidin zu erkennen. Dies ist das erste „erregende Moment", in welchem die Konfliktsituation in Gang kommt und Spannung erzeugt wird. Iphigenies Herkunft aus verfluchtem Geschlecht, sollte sie vor dem Eheverlangen Thoas' bewahren. Der Taurerkönig aber reagiert mit Zorn darauf und führt das Menschenopfer, welches er zuvor auf Iphigenies Wunsch hin abschaffen ließ, wieder ein. Hierin findet sich das zweite Moment, in dem Drama eine Erregung erfährt. Zwei auf der Insel gelandete Fremde sollen nun dem Ritual zum Opfer fallen. Iphigenie ist als Priesterin für den Vollzug verantwortlich. Sie weiß nicht, dass es sich bei den beiden Fremden um ihren Bruder Orest und dessen Freund Pylades handelt.

II. **Aufzug, Steigerung:** Orest hat seine Mutter Klytämnestra und ihren Liebhaber Aigisthos erschlagen, weil sie seinen Vater Agamemnon ermordet hat. Nun glaubt Orest, von den Erinnyen (Rachegöttinen) verfolgt zu werden. Dem Wahnsinn verfallen, sieht er sich dem Tode nahe. Pylades indessen, sinnt auf Rettung und ist nicht bereit ins Schattenreich überzutreten. Er erinnert sich an den Orakelspruch Apollos, der besagt, dass Orest Erlösung finde, wenn er das Bildnis der Schwester von Tauris zurück nach Delphi bringe. Gemeint ist jedoch Orests Schwester Iphigenie. Durch Pylades und Orest erfährt Iphigenie vom Tod ihres Vaters und iher Mutter, sowie auch von ihrem eigenen vermeintlichen Tod als auch vom Ausgang des Trojanischen Krieges. Weder Orest noch Pylades oder Iphigenie wissen, wen sie vor sich haben. Hier steigert sich die Spannung zum dritten Mal.

III. **Aufzug, *Höhepunkt/Peripetie*:** Iphigenie und Orest erkennen einander. Orest ist dem Wahnsinn, der Raserei verfallen. Im Glauben daran, von den Erinnyen verfolgt zu sein, versinkt er in Ermattung, getrieben von zunehmender Verwirrung. In der vollkommen tragischen Situation Orests findet sich der Höhepunkt des Dramas. Auch Iphigenies Gefährdung steigert sich zunehmend. Sie begreift, dass sie sich zwischen ihrem Bruder und Thoas entscheiden muss. Iphigenie fleht Diana an, Orest zu retten. Schließlich erwacht er aus der Betäubung und dem Wahnsinn und sieht sich, sowie das gesamte Geschlecht des Tantalus vom Fluch befreit. Pylades drängt zur Flucht.

IV. **Aufzug, *retardierendes Moment/Umkehr*:** Thoas schöpft Verdacht und Arkas drängt in Thoas' Namen Iphigenie zur Beschleunigung des Opfers. Iphigenie versucht ihren Bruder und dessen Freund durch eine List zu retten und das Orakel Apollos zu erfüllen, indem sie verkündet, dass das Bildnis der Göttin durch einen Mörder besudelt worden sei. Doch Iphigenies Zweifel über die Richtigkeit ihrer geplanten Flucht verstärken sich. Sie würde Thoas und Arkas, die sie beide schätzt, betrügen und verlassen. In einem großen Monolog, dem sie das Parzenlied anschließt, wägt sie alle Entscheidungen ab. Im Parzenlied erinnert sie den Sturz der Titanen, die Tantalusqualen und die Unerbittlichkeit der Götter, deren Flüche nicht mit Recht verbunden sind.

V. **Aufzug, *Katastrophe/Lösung*:** Thoas erkennt den geplanten Betrug und versucht Iphigenie zum Opfer zu zwingen. Iphigenie beruft sich aber auf ihre Entscheidungsfreiheit. Orest und Pylades drängen, das Bild der Göttin zu rauben. Iphigenie, unfähig zur Lüge und im Vertrauen auf Thoas' edle Gesinnung, erzählt die Wahrheit und gesteht den Betrug. Orest will sich den Weg in die Freiheit erkämpfen, doch Iphigenie greift beruhigend und schlichtend ein. Thoas erlaubt schließlich dir Rückkehr der drei in ihre Heimat. Das Orakel erfüllt sich, indem Orest nun seine Schwester und nicht das Bildnis der Göttin aus Tauris führt. Thoas verabschiedet sich und will zukünftig zwischen Griechen und Tauern Gastfreundschaft walten lassen.

2.2 Die Titelfigur „Iphigenie"

Iphigenie, Tochter des Königs von Mykene Agammenon und dessen Frau Klytämnestra, wurde in Aulis auf dem Weg zum Trojanischen Krieg von ihrem Vater geopfert, weil das Orakel es befahl. Sie wurde jedoch von der Göttin Diana gerettet und nach Tauris gebracht, um ihr dort zu dienen. Sie stammt aus dem verfluchten Tantalusgeschlecht. Tantalus hat die Götter provoziert, indem er seinen Sohn Pelops geschlachtet hat und ihn den Göttern als Speise vorgesetzt hat. Er wollte damit ihre Allwissenheit prüfen, doch die Götter erkannten den Betrug. Zudem hat Tantalus den Göttern Nektar und Ambrosia gestohlen und den Menschen gebracht. Die Götter haben ihn daraufhin mit einem Fluch belegt, der Tantalus' Schicksal und das aller nachfolgenden Gererationen bestimmen sollte. Die Ahnengeschichte Iphigenies ist somit geprägt von Hass, Neid, Verrat und Mord.

Auf der Insel fühlt sie sich nicht heimisch und Sehnsucht nach ihrer Heimat Griechenland plagt sie. Thoas, der Taurerkönig hält sie jedoch auf Tauris fest. Sie beklagt ihr Schicksal als Frau, die eng an jenes des Mannes gebunden sei und sie somit zur Tatenlosigkeit verurteilt. Thoas, der sie undingt ehelichen möchte, ist in ihren Augen mehr ein Vater als ein Ehemann. Iphigenies Situation ist insgesamt unzufriedenstellend für sie und löst innerliche Spannungen aus. Sie ist im ständigen Konflikt zwischen der Erfüllung ihrer Pflicht als Priesterin einerseits und ihrem Wunsch nach Hause zurückzukehren andererseits. Dabei hofft sie auf die Hilfe der Götter, sieht aber ein, dass sie selbst Handeln muss und entschließt sich, ihr Schicksal in die Hand zu nehmen, auch wenn sie sich dadurch in Gefahr bringt. Im letzten Aufzug des Stücks, in dem noch alles möglich ist, sowohl Untergang als auch Rettung, entscheidet sich Iphigenie dafür, den Konflikt durch Ehrlichkeit zu lösen und nicht durch List und Lüge. Hierin kommt das Humanitätsideal Goethes schließlich zum Tragen. Iphigenie verkörpert die vollkommene Reinheit, Tugendhaftigkeit und Sittlichkeit. Unabhängigkeit und Selbstbestimmung tritt an die Stelle von göttlicher Determination.

2.3 Sprache und Stil

Im gesamten Stück treten lediglich fünf Figuren auf, die alle gleichwertig, mündig und zur Reflexion fähig sind. Ihre Beziehung zueinander unterliegt, gemäß des restlichen Aufbaus einer strengen Symmetrie. Iphienie als Protagonistin befindet sich zwischen den Männerpaaren Thoas/Arkas und Orest/Pylades.

Die Sprache ist ganz im Stil des klassischen Dramas nach Aristoteles. Alle Figuren im Stück besitzen diese Eloquenz, die gleichzeitig auf die Zugehörigkeit zu einer hohen Schicht hinweist

(Ständeklausel). Die besondere Sprache, die Goethe für sein Stück verwendet, dient dazu, es auf die höchstmögliche künstlerische und vor allem geistige Ebene zu stellen. Sie stützt die Ideale, welche Goethe in seinem Stück zu vermitteln sucht. Dazu gehören Toleranz, Menschlichkeit und Sittlichkeit. Der Eingangsmonolog ist, wie der Großteil des Stücks, durch fünfhebige jambische Blankverse geprägt, die von mehreren Abstrakta wie z.b. Heiligtum, Geist, Wille, Herz, etc. getragen werden. Zudem wird auf das Personalpronomen "ich" verzichtet und anstatt dessen werden Possesivpronomen wie "mein Herz" oder "meine Seele" verwendet. Es werden auch noch weitere Umschreibungen, die für das geschlossene Drama kennzeichnend sind benutzt. So wird zum Beispiel aus "ich gewöhne mich" ein unpersönliches "es gewöhnt sich...". Vor die Eigennamen werden schmückende Beiwörter gesetzt (statt Thoas - "ein edler Mann"). Der Satzbau ist durch Inversionen geprägt (..."schon einem rauen Gatten zu gehorchen"... ; ..."Auch hab ich stets auf die gehofft und hoffe...") und es finden sich einige nachgestellte Genitive ("Das Land der Griechen mit der Seele suchend..."; "des größten Königs verstoßne Tochter..."), sowie viele Substantivierungen in dem Textauszug. Auffällig ist der Übergang von einer subjektiven Reflexion im ersten Teil des Textauszugs [bis Vers 14] zu einer verallgemeinernden, sentenzartigen Sprache der Iphigenie im zweiten Teil [ab Vers 15].
„Iphigenie" ist, bis auf das Parzenlied, im Blankvers geschrieben, wie es in der Klassik üblich war. Das ist ein fünfhebiger Jambus ohne Endreim, bei dem sich männliche (betont endend) und weibliche (unbetont endend) Kadenzen abwechseln. Die Sprechweise, die einerseits auf den gehobenen Stil des Werkes hinweist, wirkt andererseits sehr künstlich, emphatisch und übersteigert und dient als solches der Idealisierung der Wirklichkeit. Der ausgeprägte hypotaktische Satzbau sowie der Nominalstil tragen zusätzlich dazu bei. Auffallend ist zugleich die enge Dialogführung. Der Dialog wird durch das Stilmittel der Stychomythie (das Aufnehmen von Stichwörtern in die eigene Rede) zum Rededuell konstruiert. Goethe folgt hierbei Euripides. Dies war für das antike Drama typisch dramatische Wechselgespräch. Der Dialog ist zudem der Motor der Handlung. Weiters werden häufig Sentenzen (allgemeingültige Sätze) verwendet, die sich über das Persönliche erheben und somit überindividuellen Erfahrungen entsprechen.

2.4 Zeitgeschichtliche Hintergründe

Die Entstehungszeit der Iphigenie fällt in den Übergang der literarischen Epochen der Aufklärung, der Empfindsamkeit und des Sturm und Drang zur Klassik. Das Aufbegehren der Stürmer und Dränger ging über zu abgeklärter Reife und den idealen Vorstellungen der Klassiker. Auf die politischen und gesellschaftlichen Entwicklungen (Französische Revolution) reagierte Goethe und auch Schiller mit Abscheu. Schiller sah darin den Rückfall des Menschen in seine tierische Natur, wodurch er das Ideal der Aufklärung als gescheitert sah. Um eine humanisierte Gesellschaft hervorzubringen, müsse man mit der Humanität des Einzelen beginnen und ihn zu einer vollkommen ästhetischen Persönlichkeit erziehen. Diese Ansicht veranlasste Goethe und Schiller zur Entwicklung eines neuen Formideals des Dramas am Beispiel der Antike, welches sich durch seine strenge Komposition sowohl vom bürgerlichen Trauerspiel als auch von den Dramen Shakespeares abgrenzte.

Der 34-jährige Goehte war als Jurist in der Verwaltung tätig, war konservativ und setzte sich für die Weimarer Ordnung ein. Er war einerseits für Reformen, doch in Zensurfragen oder bei gerichtlichen Entscheidungen, welche ihm als juristischen Beamten oblegen und die zur damaligen Zeit auch die Todesstrafe beinhalteten, urteilte er durchaus mit entschiedener Strenge und Härte. Menschenopfer waren auch bei Iphigenie ein Thema. Die Verarbeitung im Stück zeigt jedoch, dass für Goethe ihre Verhinderung das Ziel wäre. Die Widrigkeiten, mit denen sich Goethe im Alltäglichen konfrontiert sah, und die Nichterfüllung seiner persönlichen Wünsche und Neigungen führten dazu, dass er als Gegenbild das Ideale entwarf. Charlotte von Stein, zu der Goethe eine tiefe Zuneigung verspürte, diente als Vorbild der Iphigenie. Die nicht gelebte Sinnlichkeit zwischen den beiden führte schließlich zur gegenseitigen Distanzierung. Goethe suchte bei Christiane Vulpius die Erfüllung seiner Bedürfnisse, empfindet die unerfüllten Liebe zur Frau von Stein jedoch als schmerzlich. . Es sind die persönlichen Erfahrungen und Ereignisse, die der Dichter in seiner Iphigenie zur Poesie verarbeitet. Er selbst bezeichnet sein Stück als „Schmerzenskind". Für Goehte fördert Sinnlichkeit und körperliche Liebe Zwietracht zwischen den Geschlechtern. Iphigenie sollte frei davon sein, was letztlich Vollkommenheit erst möglich machte. Das ideal-klassische Menschenbild kommt auch in Thoas zum Ausdruck. Er spiegelt die vollkommene Ausformung eines aufgeklärten Fürsten dar. So spielen sowohl die Erziehung des Menschen zur Sittlichkeit und Menschlichkeit als auch die Erziehung eines absolutistischen zu einem aufgeklärten Fürsten eine zentrale Rolle.

3 Das offene Drama: „Woyzeck"

Stücke, die sich deutlich von der geschlossenen Form abheben, werden dem offenen (atektonischen) Drama zugeschrieben. Charakteristisch ist dabei die Nicht-Festlegung auf eine bestimmte Form, die sich vor allem über die Negierung der Strukturmerkmale der geschlossenen Form definiert. Shakespeare war einer der ersten, der gegen die strengen klassizistischen Regeln aufbegehrte.

Neben Büchners „Woyzeck" ist beispielweise Goethes „Götz von Berlichingen" genauso wie Wedekinds „Frühlingserwachen" dieser Dramenform zuzuordnen. Das soziale Stationendrama „Woyzeck" basiert auf einem realen Kriminalfall, dessen Einzelheiten Büchner, der selber Arzt war, bekannt waren, da er Einsicht in die medizinischen Gutachten hatte. Über die Zurechnungsfähigkeit des Beschuldigten gab es schon damals heftige Debatten. Büchner hat einige Details aus den Gutachten, unter anderem den Namen des Schuldigen, übernommen. Erst 1879 wurde das Fragment in einer stark überarbeiteten Fassung vom österreichischen Schriftsteller Karl Emil Franzos publiziert.

3.1 Inhalt und Aufbau

Franz Woyzeck, der Soldat, hat ein uneheliches Kind mit Marie. Er versucht beide finanziell zu unterstützen und nimmt deshalb die unterschiedlichsten Arbeiten an. Zum Beispiel stellt er sich einem Doktor zur Verfügung, der Experimente mit ihm durchführt, außerdem schneidet er Stöcke, oder rasiert den Hauptmann. Neben einer ganz eigenen Art von Philosophie, die vor allem den Doktor und den Hauptmann belustigt, hat Woyzeck auch Wahnvorstellungen als Folge Experimente, die der Doktor mit ihm macht, erlebt er seine Umwelt teils als bedrohlich. Eines Tages gehen Woyzeck und seine Freundin Marie auf einen Jahrmarkt, wo ein Tambourmajor ein Auge auf Marie wirft. Der Tambourmajor ist Woyzecks Vorgesetzter und er schickt Woyzeck weg, um mit Marie allein zu sein. Die beiden gehen nach Hause zu Marie, wo sie ihn schließlich zurückweist und der Tambourmajor sie als "wildes Tier" beschimpft. Der Tambourmajor schenkt Marie Ohrringe, die Woyzeck Verdacht schöpfen lassen. Marie jedoch will ihm weis machen, dass sie sie gefunden hätte, woraufhin sie ein schlechtes Gewissen bekommt. Der Hauptmann bestärkt Woyzeck in seinem Verdacht, was Woyzeck dazu veranlasst Marie nachzustellen. Schließlich findet er sie und den Tambourmajor beim Tanz im Wirtshaus. Von Eifersucht geplagt entwickelt Woyzeck Tötungsphantasien und fordert den Tambourmajor zum Kampf heraus, doch unterliegt er dem Major. Als ihn dann auch noch von einem "köstlichen Weibsbild" schwärmen hört, das "heiß" sei, geht Woyzeck geradewegs zu einem jüdischen Trödler und kauft ein Messer. Schließlich führt er Marie zu einem Teich vor der Stadt und ersticht sie. Er wirft das Messer in den Teich und geht zurück in die Stadt ins Wirtshaus. Dort entdeckt seine neue Eroberung das Blut auf seinem Ärmel. Woyzeck fliet zum Teich, wo er immer tiefer ins Wasser geht, um sich das Blut abzuwaschen. Doch wird der Mörder gefunden, verurteilt und hingerichtet.

Im Gegensatz zu Goethes Stück liegen hier mehrere komplementäre Handlungsstränge vor, die diskontinuierlich verlaufen und in sich geschlossen sind. Das Prinzip der „Aristotelischen Einheit" wird zugunsten dieser Polymethie, einer Vielzahl an Orten und weiten Zeiträumen (oft Jahre) durchbrochen. Die jeweilige Umgebung ist, anders als im geschlossenen Drama, durchaus von Bedeutung und trägt zur Charakteristik der Personen bei. Die Bühnenwelt (der Raum) gilt als Abbild der Wirklichkeit, die in ihrer Komplexität kaum zu erfassen ist. Die Zeit wirkt im offenen Drama aktiv ins Geschehen hinein und wird nicht als eine sich entwickelnde Bewegung auf ein Ziel hin empfunden. Obwohl eine Entwicklung vorhanden ist, wird sie von den Figuren nicht bewusst erlebt. Sie zieht die Handelnden vollkommen in den Bann der totalen Gegenwart, was Distanz zum Geschehen und Reflexion nahezu unmöglich machen.

Mit der sogenannten Blitztechnik werden nur Ausschnitte der einzelnen Szenen gezeigt. Darüberhinaus ist eine Unterteilung in Akte nicht vorhanden, sondern nur in Szenen, die autonom und locker nebeneinander stehen. Der Zusammenhang wird über Leitmotive und Bildketten, die latente Bezüge zueinander aufweisen, sowie über Komplementärstränge (Kollektivstrang/Privatstrang) hergestellt. Man könnte die Szenenfolge durchaus ändern, ohne dass das Stück unverständlich wird. Es fehlt außerdem eine Exposition und die Handlung beginnt unvermittelt, genauso wie auch der Schluss offen bleibt beziehungsweise unvermittelt eintritt. In ihrer Gesamtheit, weist die Handlung jedoch ein Bedeutungsfazit auf. Anders als bei „Ihphigenie" ist das gegenwärtige Geschehen, das einzige, was zählt. Die Zeitqualität der einzelnen Szenen ist unterschiedlich. Man kann auch nicht sagen, wieviel Zeit zwischen zwei Szenen verstreicht.

3.2 Die Titelfigur „Woyzeck"

Der einfache Soldat Franz Woyzeck ist ein ungebildeter Mensch, der auf der untersten Stufe der sozialen Hierachie steht und durch verschiedenste Arbeiten versucht genügend Geld zu erwirtschaften, um seine Freundin Marie und sein Kind Christian zu unterhalten. Sein Leben ist durch Abhängigkeiten von höher gestellten Personen gekennzeichnet, die ihn benutzen. Der Hauptmann übt gemäß dem Schema „Vorgesetzter-Untergebener" Macht über Woyzeck aus. Er fühlt sich schon allein aufgrund seines gesellschaftlichen Ranges Woyzeck deutlich überlegen und spielt diese klassenabhängige Überlegenheit auch ganz offensichtlich aus. Vom Doktor wird Woyzeck als Versuchsobjekt missbraucht, wodurch er sich mitschuldig an Woyzecks zunehmender Verwirrung und seinen Wahnvorstellungen macht. Von seiner Geliebten Marie wird Woyzeck mit dem Tambour-Major betrogen, was dem Gehetzten emotional sehr zusetzt und schließlich in rasender Eifersucht gipfelt. Schließlich wird Woyzeck auch noch vom Tambour-Major öffentlich gedemütigt und lächerlich gemacht. All diese Umstände der sozialen Erniedrigung, der existentiellen Not, der Ohnmacht und Hilflosigkeit mit der Woyzeck konfrontiert wird, führen letztlich zur Ermordung Maries. Das ungezügelte, nahezu animalisch anmutende Verhalten Woyzecks begründet er selbt mit der Natur, die seine Handlungen und Triebe steuert. Tugend und Moral, denkt er, sei an Geld und Besitz gebunden, also nur etwas, dass den sozial Höherstehenden zuteil wird. Ganz der Natur und Triebhaftigkeit ausgeliefert, ist alles auf sein scheinbar unabwendbares Schicksal hin ausgerichtet. Das Stück endet mit der Verzweiflungstat eines Ohnmächtigen.

3.3 Sprache und Stil

Der Antiheld sieht sich, nicht wie im klassischen Drama, einer einzigen Person (Antagonist) gegenüber, sondern einer Vielzahl von Figuren, die den unterschiedlichsten sozialen Schichten entstammen und Abhängigkeitsverhältnisse in ihrer Konsetellation aufweisen. So gehört Woyzeck, der Soldat zum Kleinbürgertum, der Hauptmann dagegen ist als Offizier höher gestellt und der Arzt entstammt dem Bildungsbürgertum. Es kommt also zu einem Machtgefälle zwischen den Personen.

Dementsprechend vielschichtig ist auch die Sprache des Stücks. Es wird unterschieden zwischen der Fachsprache des Arztes (musculs constrictor vesicae), der Hoch- und Literatursprache der vermeintlich „Intellektuellen", die jedoch lediglich als bloße Zurschaustellung ihrer Bildung fungiert und eigentlich nichts als sinnentleerte Aussagen darstellen, sie aber von den sozial tiefer stehenden Figuren unterscheidet. Solche Worthülsen bezeichnet man als Tautologien („Anfang von Anfang ... commencement von commencement" (13, 7 ff.) „Moral, das ist, wenn man moralisch ist"(17,30 f.) Desweiteren wird in der Umgangssprache gesprochen, die vor allem durch unvollständige Sätze auffällt. Ellipsen wie „Schön Wetter" (27, 10), Rückfragen „Weiß ich's? (35, 27) und eingliedrige Sätze „Still!" (9, 14) finden häufig Verwendung. Auch der Jargon (Weibsbild, Sapperment u.a.) ist ein vielverwendetes sprachliches Mittel in Woyzeck, genauso werden scheinbar widersinnige Wortverbindungen (Oxymora) wie „viehische Vernunft (12, 21 f.), „ein tierischer Mensch" (14, 14 f.) benutzt. Der Satzbau ist überwiegend paratatktisch gestaltet. Wird hypotaktisch gesprochen, so geschieht dies äußerst brüchig. Anders als bei „Iphigenie" ist hier nicht der Dialog der Motor des Geschehens, die Konflikte ergeben sich nicht aus den Gesprächen, sondern durch die Ereignisse, die im Kontext des sozialen Machtgefüges zu sehen sind. Zudem ist festzustellen, dass es an einer Dialogführung fehlt. Die nur bedingte Fähigkeit des sprachlichen Ausdrucks der Gruppe der Armen und die inhaltlich völlig unzulängliche philosophische Attitüde der Ranghöheren führen zu einem bloßen Aneinander-Vorbeireden der einzelnen Gruppen. Reflexion und formal-logisches Denken scheint für alle Parteien etwas Unmögliches zu sein, wodurch sich auch eine gewisse Determiniertheit des Menschen durch seine Umwelt ergibt. Im gesamten Text ist außerdem die Metaphorik des Todes vorhanden. So rollt in der 1. Szene ein Kopf (Hinrichtung), der drei Tage auf Hobelspänen (Todessymbol) gelegen hat und unter Woyzeck ist es hohl (Grabsymbol). Diese und ähnliche Bilder werden immer wieder aufgegriffen und verdichten sich schließlich zum Ende hin, wenn in der dreimaligen Wiederholung von „Mord", „ein guter Mord, ein ächter Mord, ein schöner Mord" die Rede ist.

3.4 Zeitgeschichtliche Bezüge zum Werk „Woyzeck"

Als Georg Büchner 1836 „Woyzeck" verfasst, beherrschen große politische und gesellschaftliche Umwälzungen Europa, die bereits Jahrzehnte zuvor ihren Anfang nahmen. Die Französische Revolution (1789), die napoleonischen Kriege, die Niederlage Napoleons in der Völkerschlacht bei Leipzig (1813), der Wiener Kongress (1815) mit seinen restaurativen Absichten und der Neuordnung Europas, der aufsteigende Nationalismus und Patriotismus, der Kampf um bürgerliche Rechte und Freiheiten, der schließlich in der Julirevolution (Beginn des Vormärz) von 1830 und den Revolutionen von 1848 seinen Höhepunkt findet. Büchner selbst setzt sich ergriffen für die Partei der Armen ein. Er war Mitbegründer der revolutionären Gießener „Gesellschaft für Menschenrechte". Obwohl sich Büchner vom sogenannten „Jungen Deutschland" distanziert, bestehen zumindest inhaltliche Gemeinsamkeiten, vor allem im Hinblick auf das Aufbegehren gegen die politische Restauration einerseits und den vorherrschenden literarischen Autoritäten, der Klassik und Romantik andererseits. Vor allem wurde mit „Woyzeck" die Tradition der strengen klassischen Form gebrochen und der Weg in die Moderne eingeleitet.

Woyzeck ist Repräsentant einer von Krieg, Revolution, Massenarmut, sozialer Ungleichheit und Repression geprägten Generation. Büchner schuf mit seinem sozialen Drama ein polares Gegenstück zum klassischen Drama und hatte damit die Literatur revolutioniert. Menschen wie Woyzeck und Marie machten zur damaligen Zeit einen großen Teil der Bevölkerung aus. Die industrielle Revolution schuf eine Masse von besitzlosen und entrechteten Lohnarbeitern, Tagelöhnern und Verarmten, die im sozialen Elend dahin siechten. Büchner sieht vor allem in der sozialen Ungleichheit und der gesellschaftlichen Unterdrückung die Ursache von Fehlverhalten und

Kriminalität. Das Stück ist demnach die künstlerische Umsetzung der biologisch-sozialen Determiniertheit des Menschen mit fatalen Folgen. Für Büchner selbst ist der Fatalismus, also der Schicksalsglaube, ein wichtiger Begriff, den er in Woyzeck verkörpert. Freiheit ist für ihn mit Besitz verbunden, wohingegen der Besitzlose verdammt ist, ein Leben in Fremdbestimmung zu führen. Gleichzeitig stellt er dem ideal-klassischen Bild des freien und selbstbestimmten Menschen ein Wesen entgegen, welches mindestens genauso abhängig von seinen Trieben ist, wie von den sozialen Umständen. Die idealisierte Dichtung seiner Zeitgenossen Schiller, Kleist oder Goethe lehnte Büchner entschieden ab. Ihm war es wichtigt die sozialen Missstände seiner Zeit aufzuzeigen, was ihm mit „Woyzeck" sicher auch gelungen ist.

4 Literaturverzeichnis

- Goehte, Johann Wolfgang: „Iphigenie auf Tauris"; Reclam, Ausgabe 1993 (durchgesehene Ausgabe 2001)
- Büchner, Georg: „Woyzeck"; Reclam 1999 (Studienausgabe)
- Bernhardt, Rüdiger: „Epochenumbruch 18.19. Jahrhundert, unter besonderer Berücksichtigung der Entwicklung des Dramas": C.Bange Verlag, 2010
- Bernhardt, Rüdiger: Erläuterungen und Materialein zu „Iphigenie auf Tauris", Goethe, J.W., C.Bange Verlag, 3. Auflage, 2005
- Bernhardt, Rüdiger: Erläuterungen und Materialien zu „Woyzeck", Büchner, Georg, C.Bange Verlag, 4. Auflage, 2005
- Donnenberg, Josef: „Vom klassischen zum modernen Drama", Österreichischer Bundesverlag, 1980

BEI GRIN MACHT SICH IHR WISSEN BEZAHLT

- Wir veröffentlichen Ihre Hausarbeit, Bachelor- und Masterarbeit

- Ihr eigenes eBook und Buch - weltweit in allen wichtigen Shops

- Verdienen Sie an jedem Verkauf

Jetzt bei www.GRIN.com hochladen und kostenlos publizieren